NOTICE BIOGRAPHIQUE

SUR

M. MORTEYROL

DE LA GARENNE.

NOTICE BIOGRAPHIQUE

SUR

M. MONTEYNOL

DE LA GARENNE (FRANÇOIS-BERNARD),

ANCIEN ARCHIPRÊTRE DE CHAMPAGNAC-DE-BELAIR,

DIOCÈSE DE PÉRIGUEUX ;

Par J.-B. Morteyrol aîné, son neveu,

Ex-chef de division à la préfecture de l'Oise.

PÉRIGUEUX,

IMPRIMERIE DUPONT, RUE TAILLEFER.

—

1845.

NOTICE BIOGRAPHIQUE

SUR

M. MORTEYROL DE LA GARENNE

(FRANÇOIS-BERNARD),

ANCIEN ARCHIPRÊTRE DE CHAMPAGNAC-DE-BELAIR,
DIOCÈSE DE PÉRIGUEUX.

❧❀☙

MORTEYROL (François-Bernard), sieur de La Garenne, né au village de Loms, paroisse de Saint-Médard-d'Excideuil, en l'année 1754, était fils de Jean Morteyrol, sieur Duclaud de Loms (1), bourgeois de la ville d'Excideuil, et de Catherine Lasgeageas, demoiselle Deschamps, née à Anlhiac, fille de Jean Lasgeageas (2), sieur de Combemoreau, bourgeois de

---

(1) Jean Morteyrol Duclaud de Loms était fils de Léonard Morteyrol, sieur de Lafon, notaire royal, et de Jeanne Lachaud, demoiselle de Locqueyssie, paroisse de Granges-d'Ans.

(2) Jean Lasgeageas, sieur de Combemoreau, était fils de demoiselle Desbrouillets, de la maison des seigneurs de La Boissière-d'Ans, et petit-fils de demoiselle Pasquet de Salagnac, dont le père était seigneur des Charraux et du Breuilh.

la susdite ville d'Excideuil, et de Antoinette Bugeaud, demoiselle de La Piconnerie, paroisse de Lanouaille, en Périgord.

M. de La Garenne montra, dès sa plus tendre jeunesse, les plus heureuses dispositions pour l'étude. Son oncle, M. Lasgeageas de La Mothe, religieux de l'ordre de St-Dominique, au couvent des Jacobins de la ville de Périgueux, prédicateur distingué de son ordre, et son grand-oncle, messire Bugeaud de La Piconnerie, sieur de La Vidalie, archiprêtre de Champagnac-de-Belair, qui avaient remarqué les progrès rapides que leur neveu faisait dès le début de ses études classiques, le prirent en affection et conseillèrent à son père de le placer à Périgueux, pour y compléter son éducation. Ils avaient entrevu, en le jeune La Garenne, le germe de toutes les vertus évangéliques, qui, en se développant avec l'âge et une solide instruction, en feraient un jour un sujet digne du diaconat.

M. Morteyrol Duclaud, juste appréciateur de conseils aussi bienveillans, mit le jeune La Garenne en pension à Périgueux, sous la tutelle de son oncle le dominicain. Il y fit de rapides et brillantes études, et se voua à l'état ecclésiastique.

Sa bonne conduite, autant que son savoir, le fit de bonne heure distinguer de ses supérieurs. L'évêque, M. de Flamarens, qui l'avait apprécié d'une manière toute particulière pendant le cours de ses études théologiques, lui accorda des lettres de bénéfice d'âge et le promut aux ordres sacrés en l'an 1777.

En 1778, il fut nommé professeur de philosophie au petit séminaire de Périgueux. En 1780, sur la demande du principal du grand séminaire, il fut chargé de l'économat de cet établissement.

Les soins à donner aux travaux d'ensemble et de détail de son administration furent réglés de manière à ce qu'il pût

vacquer, pendant quelques heures de la journée, à la pratique des devoirs que lui imposait son ministère sacré. Sa messe
fut plus particulièrement dévolue au couvent des dames religieuses de Ste-Ursule, dont il obtint la confiance.

Doué d'une taille avantageuse et d'une complexion robuste,
les traits de sa figure étaient à la fois mâles, réguliers et ex-
pressifs ; sa voix était pleine et sonore, son élocution facile
et son accent correct. Par sa modération évangelique et sa
faconde persuasive, il avait l'art de faire passer dans l'âme de
ses nombreux auditeurs les convictions dont il était pénétré.

Dans le monde, au milieu de ses amis, il ne faisait point
parade de ses mérites personnels ; ses manières étaient sim-
ples, et sa conversation, toujours mise à la portée de ses
auditeurs, était à la fois aimable et instructive. Sa foi, bien
que très vive, n'était point inexorable pour son prochain.
Portant l'indulgence dans son cœur, s'il condamnait les er-
reurs des gens du monde, c'était par la voix du raisonnement
et de la douceur qu'il tâchait de les ramener à des principes
plus orthodoxes.

Tant de vertus et de qualités éminentes le firent attacher,
vers 1783, aux missions du diocèse de Périgueux. Dans ses
courses évangéliques, il se fit remarquer en chaire par son
éloquence persuasive et par des succès inespérés à Bergerac,
où il contribua puissamment à faire rentrer dans le giron de
l'église romaine un certain nombre de protestans.

Après avoir terminé sa courte mais brillante carrière de
missionnaire diocésain, son grand-oncle, messire Bugeaud
de La Piconnerie, sieur de la Vidalie, archiprêtre de Champagnac-de-Belair, se sentant déjà vieux, l'appela auprès de
lui, et, du consentement de l'évêque, il lui résigna son titre,
dont il fut investi en 1786, et, par son testament olographe,
il le constitua son héritier universel.

En acceptant l'archiprêtré de Champagnac, M. de La Garenne renonça pour toujours au monde, pour se livrer aux soins qu'exigeait son nombreux troupeau. Un an avant la mort de son grand-oncle, arrivée vers la fin de 1789, il appela auprès de lui, pour l'aider dans ses fonctions, M. l'abbé Lasgeageas de La Mothe (1), son cousin-germain, récemment promu aux ordres sacrés.

C'est dans cette position modeste, mais heureuse pour un prêtre qui n'a d'autre ambition que celle de servir Dieu, que la loi sur la constitution civile du clergé vint le surprendre. L'orage qui grondait alors sur la tête des ministres des autels, et bien plus fortement encore les scrupules de sa conscience lui firent préférer l'exil de sa patrie à une prestation de serment de fidélité à une loi qui séparait l'église gallicane de celle de Rome. Il fallut que ses convictions fussent bien profondes pour le déterminer à se séparer d'un troupeau qu'il affectionnait et dont il était aimé. Il partit pour l'Espagne, en compagnie de son cousin germain, Lasgeageas de La Mothe, qui depuis près d'un an avait été appelé à la desserte de la paroisse de Lachapelle-Faucher, limitrophe de celle de Champagnac-de-Belair.

Arrivés, sans encombres, sur cette terre religieuse et hospitalière, les deux cousins furent obligés de se séparer pour se rendre chacun dans le lieu que l'autorité supérieure leur avait désigné. Cette séparation fut pénible; mais il fallut

(1) M. Lasgeageas, sieur de La Mothe, né à Anlhiac, en **1763** ou **1764**, était un sujet distingué et aimé de tous ceux qui l'ont connu. Après son retour d'Espagne, il a desservi la succursale de Grand-Castang, où son oncle, Lasgeageas de Monvallier, avait été curé avant **1792**, et ensuite celle d'Anlhiac, où il est mort au mois de février **1843**, regretté de ses paroissiens et de ses nombreux amis.

l'accepter avec une sainte résignation, comme conséquence de la fâcheuse position où ils se trouvaient.

M. de La Garenne fut dirigé sur le couvent de Valderas, diocèse de Léon, où il fut reçu avec tous les égards dus à sa position d'étranger malheureux et à son caractère.

C'est à l'ombre de ce cloître qu'il se livra d'abord à l'étude de la langue castillane, qui lui fut bientôt familière à cause de son idiôme périgourdin, avec lequel elle a beaucoup de rapport; ensuite il se renferma dans la vaste et riche bibliothèque de cet établissement, où il puisa des connaissances encore plus complètes et plus approfondies des saintes écritures. Il en fit de volumineux extraits, qu'il classa méthodiquement par ordre de matières. Le manuscrit *in-4°* qui les contient renferme, en un seul contexte, tout ce qu'il est nécessaire de connaître en théologie. Les professeurs des grands séminaires pourraient y puiser d'utiles connaissances, et les prêtres à charge d'âmes des instructions sur les matières qu'ils ont souvent occasion de traiter dans l'exercice de leurs fonctions sacerdotales.

Ce manuscrit, que conserve précieusement M. Morteyrol aîné, son neveu, fournirait matière à quatre ou cinq volumes *in-4°* d'impression; mais, pour en rendre la lecture moins fatigante, il faudrait que le texte latin fût accompagné d'une bonne traduction française, travail qui serait très long et même très coûteux.

La révolution du 18 brumaire an VIII, qui rétablit l'ordre en France sous l'empire du consulat, fournit l'occasion, longtemps désirée et trop long-temps attendue, à M. de La Garenne, de rentrer dans sa patrie; il en profita immédiatement, et ses premiers soins furent d'aller rejoindre son troupeau, que son oncle, M. Lasgeageas de La Mothe, exprieur du couvent des Jacobins de la ville de Périgueux, dirigeait, depuis l'an VI de l'ère républicaine, que le directoire exécutif tolérait les ministres de la religion catholique dans les communes. L'oncle fut heureux de revoir un neveu qu'il affectionnait, et de lui remettre la direction des affaires spirituelles de son ancienne paroisse, dans laquelle, par son zèle religieux et l'ascendant de ses mérites personnels, il avait fait renaître l'habitude des pratiques religieuses (1).

Le presbytère qui avait servi de maison commune pendant son absence était délabré et complètement dépourvu du mobilier qu'il y avait laissé en partant pour l'Espagne ; il avait été vendu nationalement, en 1793. Les habitans les plus aisés de sa paroisse s'empressèrent, à l'envi, de lui fournir les objets les plus indispensables à l'ameublement de l'ancienne chambre qu'il avait occupée, afin qu'il pût s'y établir de nouveau, en attendant mieux.

Par suite du concordat et de la loi sur la réorganisation du culte en France, l'antique évêché de Périgueux fut supprimé et réuni à celui d'Angoulême. M. Lacombe, nommé à ce siége épiscopal, en prit possession en l'an X, et s'occupa immédiatement du travail relatif à l'organisation du personnel dans son double diocèse.

La réputation de M. de La Garenne, d'homme à la fois vertueux et instruit, étant parvenue à sa connaissance, il lui

(1) En quittant Champagnac, M. de La Mothe se livra à la prédication du carême, à Périgueux ; et lors du jubilé qui eut lieu après le rétablissement du culte, il fut chargé de le prêcher dans la basilique de Saint-Front, où il faisait foule. La succursale de Clermont n'avait point de desservant. Ses parens, MM. Delignac de Puyssegeneix, et les habitans, l'appelèrent auprès d'eux pour y exercer son ministère. Il fut confirmé dans ce poste, où il mourut pauvre de biens, mais riche de vertus évangéliques.

fit offrir une cure de première classe dans une des villes chefs-lieux d'arrondissement, ou une place de chanoine à Angoulême ; il refusa ces offres bienveillantes, se faisant un cas de conscience de se séparer de nouveau d'un troupeau de fidèles que son grand-oncle lui avait confié, et avec lequel il s'était identifié. M. Lacombe lui témoigna le regret qu'il éprouvait de ne pouvoir le déterminer à accepter une place plus lucrative que celle qu'il occupait à Champagnac, chef-lieu de canton, et dans laquelle il fut maintenu.

A dater de cette époque, M. l'évêque d'Angoulême entra en relation épistolaire avec lui pour des affaires délicates, sur lesquelles il désirait s'éclairer de l'avis de ce théologien. De son côté, M. l'évêque de Limoges entretint une correpondance très suivie avec M. de La Garenne sur des matières controversées par plusieurs casuistes. La partie la plus remarquable de cette correspondance est relative au prêt de l'argent avec intérêt à 5 p. %, prêt que M. l'évêque de Limoges avait considéré, dans l'un de ses mandemens, comme légal aux yeux de l'église et de la loi civile. Cette question, qui touche aux intérêts sociaux aussi bien qu'aux intérêts religieux, fut longuement et savamment débattue par ces deux docteurs en théologie.

M. de La Garenne, appuyé, il ne faut pas en douter, de plusieurs textes de l'écriture sainte, tâcha de démontrer à M. l'évêque de Limoges que le prêt d'argent ne devait produire aucun intérêt, et qu'en ce point la loi religieuse n'était pas d'accord avec la loi civile, qui n'a eu en vue que de régler des intérêts mercantiles et de mettre un fein à l'usure, lèpre qui corrode le corps social partout où elle peut exercer impunément ses ravages. Sous ce rapport, M. de La Garenne reconnaissait que cette loi avait été nécessitée pour arrêter un mal que la conscience ne combattait plus, par suite de l'affaiblissement des principes religieux dans le cœur de l'homme.

Cette polémique comprenait une vingtaine de lettres qui seront passées en les mains de M. Lamotte, son vicaire et son successeur, qui fit l'acquisition de sa bibliothèque.

Bien que M. de La Garenne eût éprouvé, par suite des événemens politiques, la perte de la plus grande partie des biens provenant de la succession de son grand-oncle, qui s'élevait à près de 70,000 fr., et dont il ne put recouvrer que quelques lambeaux épars, il continua à servir une rente viagère de 600 fr. (1) que le testateur avait faite à son frère, M. le chevalier Bugeaud des Places de La Piconnerie, officier d'infanterie, émigré, rentré en France par suite de l'amnistie accordée par le premier consul, après la conclusion du traité de paix d'Amiens.

Sa charité envers les malheureux ne s'était point ralentie ; aussi, pour satisfaire à ce besoin d'un cœur véritablement chrétien, il réduisait sa dépense à l'absolu nécessaire, pour se ménager le moyen de soulager, dans leurs misères, les pauvres de sa paroisse, qui n'invoquaient jamais en vain ses secours.

Dans l'inondation qui eut lieu vers 1811, le pont de Champagnac, sur la Drône, fut emporté par les eaux de cette rivière. Par ce sinistre, la partie de la commune située sur la rive droite de la Drône ne pouvait plus communiquer avec le bourg, et l'autre partie n'avait plus de passage assuré pour se rendre aux marchés de Brantôme. Le service religieux souffrait aussi de cet état de choses. Reconstruire le pont était d'une nécessité aussi urgente qu'indispensable. Le

____

(1) Le testateur en avait aussi créé une autre de 300 fr. en faveur de sa sœur, Mlle Bugeaud de La Piconnerie, demoiselle de Bosredon, qui s'était retirée avec lui à Champagnac, où elle lui a survécu.

devis estimatif des travaux à faire pour réparer les piles et rétablir la charpente du tablier indiquait un chiffre qui s'élevait à plus de 1,200 fr. L'année était malheureuse, à cause de la mauvaise récolte de cette même année. La caisse municipale était vide, et les contribuables n'étaient pas dans une situation assez heureuse pour supporter une imposition extraordinaire d'une telle importance.

Dans une position aussi embarrassante, l'administration en référa à M. de La Garenne, son curé, qui prit en considération l'infortune de la plupart des contribuables et les difficultés qu'éprouverait le conseil municipal pour réunir les fonds nécessaires à l'exécution des travaux projetés. Une somme de 1,200 fr. fut allouée par lui à titre de don gratuit, pour cet objet, et mise à la disposition du receveur municipal. Le *Bulletin de la Dordogne,* que publiait alors M. Dupont père, porta cet acte de générosité à la connaissance du public.

M. de La Garenne était du nombre de ces pieux et vénérables ecclésiastiques qui pensent qu'un prêtre à charge d'âmes ne doit thésauriser que pour se ménager le moyen de soulager le plus grand nombre possible de malheureux. Aussi ceux-là ne font pas de ces fortunes scandaleuses qui passent, après leur mort, à des parens qui bien souvent les dissipent, mais qui, par ce moyen, remettent en circulation des capitaux restés long-temps enfouis dans les coffres de ces prêtres égoïstes et accapareurs (1).

(1) L'auteur de cette notice en a connu plusieurs de cette catégorie, qui, après avoir ramassé dans leur paroisse de *vingt à trente mille francs,* sont morts sans faire aucun legs à l'église et aux indigens.

N'a-t-il pas vu aussi mourir de vieux chanoines, laissant des capitaux assez considérables, qui ne se sont pas rappelé que leur ville possédait un hospice dont les revenus ne pouvaient suffire aux besoins de

M. Morteyrol de La Garenne, après avoir mené une vie aussi exemplaire, est mort en odeur de sainteté à Champagnac-de-Belair, arrondissement de Nontron *(Dordogne),* le 5 février 1822, étant âgé de 66 ans, laissant une dotation, aux pauvres de la paroisse, de la somme de 6,000 fr. provenant des débris de la succession de feu son grand-oncle, messire Bugeaud de La Vidalie, son bienfaiteur.

Ses dépouilles mortelles reposent dans l'église de la paroisse qu'il avait sanctifiée pendant 25 ans par ses prières et les exhortations qu'il adressait à son troupeau pour lui faire sentir le besoin d'honorer Dieu par la constante pratique de toutes les vertus évangéliques.

Oui! telle fut ta vie, ô prêtre généreux!
Puisse-t-elle servir à jamais de modèle
Au mortel qui désire, en nos terrestres lieux,
Se ménager des droits à la vie éternelle,
    Parmi les bienheureux?

Ton neveu, rappelant tes vertus, tes malheurs,
Aurait voulu te peindre en de riches couleurs :
Ton portrait aurait plus d'ensemble, d'harmonie,
S'il avait possédé ton savoir, ton génie;

la population indigente? Si les legs de cette classe d'ecclésiastiques, en faveur des établissemens charitables étaient plus communs, leur exemple pourrait exciter davantage la charité des laïques pour ces sortes d'établissemens. Il est sans doute de vénérables prêtres qui font exception à la règle générale : que la mémoire de ceux-là soit bénite !

Mais l'heureux souvenir de tes rares vertus
A germé dans son cœur depuis que tu n'es plus ;
C'est à ce souvenir que tu dois cette esquisse,
Heureux si tu deviens à son auteur propice ,
Alors que , moissonné par la faux de la mort,
De l'homme il subira l'inévitable sort.

J.-B. MORTEYROL AÎNÉ ,

Ex-chef de division à la préfecture de l'Oise.

Gabillou (mars 1845).